Emilie Perrin

ONE POT PASTA

Blitzschnelle Nudelgerichte

Fotos von Philippe Vaurès-Santamaria
Styling von Caroline Wietzel

Bassermann

INHALT

EINLEITUNG

Sie lieben Pasta, aber Sie haben nicht viel Zeit zum Kochen?

Dieses Buch richtet sich an alle, die keine Zeit oder Lust haben, lange in der Küche zu stehen, an Studenten mit wenig Geschirr, an alle, denen nur eine kleine Kochnische zur Verfügung steht, an Mütter mit vollem Tagespensum ... einfach an alle, die mit wenig Aufwand gut essen wollen und sich mit frischen, gesunden Zutaten abwechslungsreich ernähren möchten.

Alle Gerichte in diesem Buch sind im Handumdrehen zubereitet und erfordern, wie der Name schon sagt, nur einen Topf, in den alle Zutaten mit der richtigen Menge Wasser gegeben werden. Obendrein spart man dabei Strom und Abwasch.

Überraschen Sie Familie und Freunde mit leckeren, abwechslungsreichen Pastagerichten. Dafür können Sie alle Arten von Pasta verwenden und auch die Saucen unendlich variieren. Das Prinzip ist ganz einfach: In einem Topf werden Pasta und Gemüsesorten wie Zwiebeln, Zucchini, Auberginen, Tomaten, Pilze usw. gegart – je nach Angebot und Saison. Daraus ergibt sich im Laufe der Jahreszeiten eine große Aromenvielfalt.

TIPPS DER AUTORIN

Das Prinzip von Pastagerichten aus einem Topf ist einfach: Die Nudeln werden mit allen anderen Zutaten gleichzeitig in einem Topf gegart. Heraus kommen ausgewogene, leckere Gerichte für die ganze Familie mit ausreichend Kohlenhydraten, Vitaminen und Proteinen - und das Ganze mit nur circa 20 Minuten Garzeit!

Einige Tipps für gutes Gelingen:

- Geben Sie exakt die angegebene Menge Wasser in den Topf.
- Brühwürfel, Kräuter und Gewürze sorgen dafür, dass sich die Pasta mit leckeren Aromen vollsaugt.
- Verwenden Sie vorzugsweise kurze bzw. kleine Pastasorten. Lange Pastasorten wie Spaghetti neigen zum Zusammenkleben und werden beim Garen leicht zu weich.
- Verwenden Sie möglichst schnell garendes Gemüse wie Zwiebeln, Tomaten, Erbsen, Brokkoli, Zucchini, Paprika, Pilze usw. Gemüse mit längerer Garzeit muss eventuell kurz vorgegart (gedämpft) werden.
- Verwenden Sie einen möglichst großen Topf, einen Wok oder eine große Pfanne mit hohem Rand und dickem Boden.
- Lassen Sie die Pasta nicht zu lange garen.

Casarecce 	Castellane 	Cellentani 	Conchiglie rigate 	Hörnchen 
Farfalle 	Farfalline 	Fusilli 	Gansette 	Garganelli 
Girandole 	Makkaroni 	Orecchiette 	Penne lisce 	Penne rigate 
Pipe lisce 	Pipe rigate 	Rigatoni 	Tortiglioni 	Trofie 

PASTA MIT COCKTAILTOMATEN UND PESTO

Für: 4 Personen • Kosten: mittel • Schwierigkeitsgrad: einfach • Vorbereitungszeit: 15 Min. • Garzeit: 20 Min.

Die Zutaten

Zwiebel	1
Cocktailtomaten	12
Pasta, z.B. Penne	200 g
Gemüsebrühpulver	1 TL
Pesto	4 TL
Sahne	4 EL
luftgetrockneter Schinken	4 Scheiben
frisch geriebener Parmesan	
Salz, Pfeffer	

Für das Pesto

11 g Basilikumblätter, 1 Esslöffel Pinienkerne, 2 Knoblauchzehen, 15 g geriebener Parmesan und 3 Esslöffel Olivenöl in den Mixer geben und zu einer Paste verarbeiten. Hält sich mehrere Tage in einem Schraubglas.

Das Rezept

1. Die Zwiebel abziehen und hacken. In einem großen Topf anschwitzen.
2. Halbierte Cocktailtomaten, Pasta und Gemüsebrühpulver mit 500 ml heißem Wasser zufügen und 10 Minuten garen (wenn die Pasta noch nicht al dente ist, noch einige Minuten weitergaren).
3. Pesto und Sahne sorgfältig untermischen. Mit Salz und Pfeffer abschmecken.
4. Sofort mit je einer Schinkenscheibe und Parmesan servieren.

PASTA MIT CHICORÉE UND ZIEGENKÄSE

Für: 4 Personen • Kosten: günstig • Schwierigkeitsgrad: einfach • Vorbereitungszeit: 20 Min. • Garzeit: 20 Min.

Die Zutaten

Zwiebel 1
Chicorée 2
Zuckerwürfel 1
Kochschinken am Stück .... 150 g
Pasta, z.B. Orecchiette .... 200 g
Ziegenfrischkäse .... 100 g
einige Stängel frische Petersilie
Salz, Pfeffer

Das Rezept

1. Die Zwiebel abziehen und fein hacken. Den Chicorée waschen, putzen und klein schneiden. Mit dem Zuckerwürfel in einem großen Topf 5 Minuten andünsten.

2. Den Schinken würfeln und in den Topf geben.

3. Die Pasta mit 600 ml heißem Wasser zugeben und 10-15 Minuten garen.

4. Den Ziegenkäse unterrühren. Mit Salz und Pfeffer abschmecken. Mit gehackter Petersilie bestreuen und sofort servieren.

PASTA MIT LACHS UND LIMETTE

Für: 2 Personen • Kosten: mittel • Schwierigkeitsgrad: einfach • Vorbereitungszeit: 15 Min. • Garzeit: 15 Min.

Die Zutaten

Zwiebel 1
frischer Lachs .... 100 g
Noilly Prat (Wermut) oder Weißwein .... 50 ml
Pasta, z.B. Pipe rigate .... 150 g
Gemüsebrühwürfel .... ½
Limettensaft .... 1 EL
Ricotta .... 2 EL
Limettenabrieb, Salz, Pfeffer

Das Rezept

1. Die Zwiebel abziehen und hacken. In einem großen Topf anschwitzen. Den gewürfelten Lachs zufügen und mit dem Wermut oder Weißwein ablöschen.

2. Den Lachs 2–3 Minuten köcheln lassen, dann Pasta und Brühwürfel mit 400 ml heißem Wasser zugeben und 10–15 Minuten garen.

3. Am Ende der Garzeit Limettensaft, Ricotta und Limettenabrieb untermischen. Mit Salz und Pfeffer abschmecken und sofort servieren.

Variante

Sie können das Gericht mit etwas frisch gehacktem Dill verfeinern. Geben Sie noch ein paar Scheiben Räucherlachs dazu.

NUDELTOPF MIT SPECK UND BROKKOLI

Für: 2 Personen • Kosten: günstig • Schwierigkeitsgrad: einfach • Vorbereitungszeit: 15 Min. • Garzeit: 15 Min.

Die Zutaten

Räucherspeckstreifen .... 150 g
TK-Brokkoliröschen... 12
Pasta, z.B. Makkaroni................................ 200 g
Zitronensaft..3 EL
Sahne... 150 g
Mascarpone...2 EL
Minzeblätter...2
frisch geriebener Parmesan
Salz, Pfeffer

Das Rezept

1. Speckstreifen und Brokkoliröschen in einem großen Topf 2 Minuten anbraten.

2. Pasta, Zitronensaft und 500 ml Wasser zufügen und zum Kochen bringen. Die Hitze reduzieren und 10 Minuten köcheln lassen.

3. Sahne, Mascarpone und gehackte Minze untermischen.

4. Mit Salz und Pfeffer abschmecken. Mit frisch geriebenem Parmesan bestreuen und sofort servieren.

STAUB
STAUB

TAGLIATELLE CARBONARA

Für: 3 Personen • Kosten: günstig • Schwierigkeitsgrad: einfach • Vorbereitungszeit: 15 Min. • Garzeit: 15 Min.

Die Zutaten

Zwiebeln 2
Räucherspeckstreifen .... 250 g
Pasta, z.B. Tagliatelle .... 350 g
Sahne .... 200 g
Salz, Pfeffer

Variante

Sie können die Speckstreifen durch Räuchertofu und die Sahne durch Soja- oder eine andere Pflanzensahne ersetzen.

Das Rezept

1. Die Zwiebeln abziehen und hacken. In einem großen Topf kurz anschwitzen. Die Speckstreifen zufügen und 2 Minuten auslassen.

2. Tagliatelle und etwa 800 ml Wasser zufügen und 15 Minuten unter gelegentlichem Rühren garen. Wenn die Pasta al dente ist, die Sahne unterrühren. Mit Salz und Pfeffer abschmecken und sofort servieren.

PASTA BOLOGNESE

Für: 4 Personen • Kosten: günstig • Schwierigkeitsgrad: einfach • Vorbereitungszeit: 15 Min. • Garzeit: 20 Min.

Die Zutaten

Zwiebel	1
Knoblauchzehe	1
Rinderhackfleisch	200 g
Rotwein	50 ml
Pasta, z.B. Penne	200 g
passierte Tomaten	500 ml
Rinderbrühwürfel	1
Lorbeerblatt	1

Salz, Pfeffer
Parmesan, zum Bestreuen

Das Rezept

1. Zwiebel und Knoblauch abziehen und hacken. In einem großen Topf anschwitzen.
2. Das Hackfleisch zugeben und bei starker Hitze 2 Minuten anbräunen. Mit dem Rotwein ablöschen und einige Minuten kochen, bis der Alkohol verdampft ist.
3. Pasta, passierte Tomaten, Brühwürfel und Lorbeerblatt mit 500 ml Wasser zufügen. Gut mischen und 15 Minuten garen.
4. Wenn die Mischung zu trocken wird, noch etwas Wasser zugießen.
5. Mit Salz und Pfeffer abschmecken. Mit Parmesan bestreuen und sofort servieren.

PASTA MIT ZIEGENKÄSE, HASELNUSS UND BRATWURST

Für: 2 Personen • Kosten: günstig • Schwierigkeitsgrad: einfach • Vorbereitungszeit: 15 Min. • Garzeit: 40 Min.

Die Zutaten

Zwiebel 1
grobe, dicke, frische Bratwurst 1
Pasta, z.B. Pipe rigate .... 200 g
Gemüsebrühwürfel .... ½
Sahne .... 8 EL
Ziegenkäse (Rolle) .... 100 g
Haselnusskerne 12
einige Stängel glatte Petersilie
Olivenöl
Salz, Pfeffer

Das Rezept

1. Die Zwiebel abziehen und hacken. Etwas Olivenöl in einem großen Topf erhitzen und die Zwiebel darin anschwitzen.

2. Die Wurst zufügen und bei mittlerer Hitze 20 Minuten unter häufigem Wenden braten.

3. Wenn die Wurst durchgegart ist, Pasta und 500 ml heißes Wasser zufügen und den Brühwürfel hineinkrümeln. Umrühren und 13 Minuten garen.

4. Sahne, Ziegenkäse, grob gehackte Haselnüsse und fein gehackte Petersilie untermischen. Mit Salz und Pfeffer abschmecken und sofort servieren.

PASTA MIT RÄUCHERTOFU, PILZEN UND LAUCH

Für: 4 Personen • Kosten: mittel • Schwierigkeitsgrad: einfach • Vorbereitungszeit: 25 Min. • Garzeit: 15 Min.

Die Zutaten

Zwiebel 1
Lauch 1
Block Räuchertofu 1
gemischte TK-Pilze .... 100 g
kurze Volkornnudeln .... 200 g
Gemüsebrühwürfel 1
Reblochon-Käse (oder ein milder, nussiger Camembert) .... 125 g
Olivenöl
Salz, Pfeffer

Variante

Sie können am Ende der Garzeit noch etwas Sahne zufügen.

Das Rezept

1. Die Zwiebel abziehen und hacken. Den Lauch längs vierteln und sorgfältig waschen, dann fein hacken. Den Tofu in Streifen schneiden.

2. Etwas Olivenöl in einem großen Topf erhitzen. Zwiebel, Lauch, Pilze und Tofu darin 5 Minuten andünsten.

3. Die Nudeln sorgfältig untermischen. Den Brühwürfel mit 1 l heißem Wasser zufügen und bei mittlerer Hitze 20 Minuten unter regelmäßigem Rühren garen.

4. Den Käse untermischen, mit Salz und Pfeffer abschmecken und sofort servieren.

PASTA NACH PAELLA-ART

Für: 4 Personen • Kosten: mittel • Schwierigkeitsgrad: einfach • Vorbereitungszeit: 20 Min. • Garzeit: 20 Min.

Die Zutaten

Zwiebel	1
Hähnchenschnitzel	120 g
Chorizo	80 g
Kurkuma	1 TL
Paprikapulver	½ TL
TK-Erbsen	100 g
Mini-Farfalle oder Hörnchennudeln	200 g
Olivenöl	
Salz, Pfeffer	

Variante

Gegen Ende der Garzeit können Sie Paella-Gewürz oder einen Gemüsebrühwürfel und einen Schuss Sahne zufügen.

Das Rezept

1. Die Zwiebel abziehen und fein hacken. Etwas Olivenöl in einem großen Topf erhitzen und die Zwiebel darin anschwitzen.

2. Hähnchenschnitzel und Chorizo in Stücke schneiden. Mit Gewürzen und Erbsen in den Topf geben und bei starker Hitze 3 Minuten unter Rühren andünsten.

3. Die Pasta mit 700 ml heißem Wasser zufügen, rühren und 15 Minuten bei mittlerer Hitze garen.

4. Mit Salz und Pfeffer abschmecken. Sofort servieren.

FISCHTOPF

Für: 4 Personen • Kosten: mittel • Schwierigkeitsgrad: einfach • Vorbereitungszeit: 25 Min. • Garzeit: 15 Min.

Die Zutaten

rote Zwiebel..1
Fenchel...½
kleine Dose Thunfisch 1
kleine Dose Sardinen 1
frischer Spinat.......................................2 Handvoll
Pasta, z.B. Hörnchennudeln ....400 g
Sahne..150 g
Parmesan
Salz, Pfeffer

Das Rezept

1. Die Zwiebel abziehen und hacken. Den Fenchel waschen und in feine Streifen schneiden.

2. Zwiebel und Fenchel mit abgetropftem Thunfisch und Sardinen, Spinat, Pasta und 1 l heißem Wasser in einen großen Topf geben und 15 Minuten garen. Die Sahne unterrühren.

3. Mit Salz und Pfeffer abschmecken. Mit frisch geriebenem Parmesan bestreuen und sofort servieren.

NUDELN NACH SENNERINNENART

Für: 4 Personen • Kosten: günstig • Schwierigkeitsgrad: einfach • Vorbereitungszeit: 20 Min. • Garzeit: 30 Min.

Die Zutaten

Zwiebel 1
Wirsing .... ¼
Wurstbrät .... 150 g
Pasta, z.B. Penne .... 200 g
Raclettekäse .... 6 Scheiben
Sahne .... 6 EL
Salz, Pfeffer

Das Rezept

1. Die Zwiebel abziehen und fein hacken. In einem großen Topf anschwitzen.
2. Den in sehr feine Streifen geschnittenen Kohl mit etwas Wasser zufügen und 5 Minuten dünsten.
3. Brät und Pasta mit 500 ml heißem Wasser zufügen und 13 Minuten garen.
4. Sahne und klein gewürfelten Käse zufügen. Mit Salz und Pfeffer abschmecken.
5. Gut mischen und sofort mit einem kleinen Feldsalat servieren.

NUDELN MIT WURST UND LAUCH

Für: 4 Personen • Kosten: günstig • Schwierigkeitsgrad: einfach • Vorbereitungszeit: 20 Min. • Garzeit: 15 Min.

Die Zutaten

Zwiebel 1
Lauch 2
dünne, frische Bratwürste 4
Weißwein .... 50 ml
Pasta, z.B. Fusilli oder Trofie .... 400 g
Salbeiblätter 3
Olivenöl
Salz, Pfeffer

Variante

Sie können die Bratwürste durch vegetarische Würste ersetzen und einen Gemüsebrühwürfel ins Wasser geben. Bestreuen Sie das Gericht vor dem Servieren mit geriebenem Parmesan oder Comté.

Das Rezept

1. Die Zwiebel abziehen und hacken. Den Lauch waschen und fein hacken.

2. Etwas Olivenöl in einer großen, hohen Pfanne oder einem großen Topf erhitzen. Zwiebel und in Scheiben geschnittene Bratwürste darin braten, bis die Zwiebel glasig wird. Den Lauch untermischen. Mit dem Weißwein ablöschen und 5 Minuten einkochen.

3. Die Pasta mit 800 ml heißem Wasser zufügen und garen, bis die Pasta die Flüssigkeit vollständig absorbiert hat. Dabei gelegentlich umrühren. Falls das Gericht zu trocken wird, mehr Wasser zugießen. Den Salbei hacken, unter die Pasta mischen. Alles mit Salz und Pfeffer abschmecken und sofort servieren.

NUDELN MIT SPARGEL UND HÜHNERMAGEN

Für: 5 Personen • Kosten: mittel • Schwierigkeitsgrad: einfach • Vorbereitungszeit: 15 Min. • Garzeit: 20 Min.

Die Zutaten

Schalotten..2
Champignons..150 g
Hühnermagen oder -leber.............................300 g
Pasta, z.B. Tagliatelle...................................350 g
grüne Spargelstangen, aus dem Glas..................15
Crème fraîche..4 EL
Comté-Käse...80 g
Salz, Pfeffer

Das Rezept

1. Die Schalotten abziehen und hacken. Die Pilze säubern und in Scheiben schneiden.

2. Schalotten und Pilze mit in Scheiben geschnittene Hühnermägen, Pasta und 800 ml heißem Wasser in eine große, hohe Pfanne geben und zum Kochen bringen. Die Hitze reduzieren und 15 Minuten köcheln lassen.

3. Den abgetropften Spargel zufügen und weitere 2 Minuten garen.

4. Crème fraîche und geriebenen Käse unterziehen. Mit Salz und Pfeffer abschmecken. Sofort servieren.

NUDELN MIT HÜHNCHEN UND ERBSEN

Für: 4 Personen • Kosten: günstig • Schwierigkeitsgrad: einfach • Vorbereitungszeit: 20 Min. • Garzeit: 20 Min.

Die Zutaten

Zwiebeln	2
Hähnchenschnitzel	150 g
TK-Erbsen	150 g
Pasta, z.B. Hörnchennudeln	250 g
Sahne	4 EL
frisch geriebener Parmesan	4 EL
Olivenöl	
Salz, Pfeffer	

Tipp

Sie können einen Teil des Wassers durch Hühnerbrühe ersetzen.

Das Rezept

1. Etwas Olivenöl in einer großen, hohen Pfanne erhitzen und die gehackten Zwiebeln darin anschwitzen.
2. Gewürfeltes Hähnchenschnitzel und Erbsen zufügen und 5 Minuten braten.
3. Die Pasta mit 700 ml heißem Wasser zufügen und etwa 15 Minuten garen.
4. Sahne und Parmesan untermischen. Mit Salz und Pfeffer abschmecken. Sofort servieren.

PASTA MIT THUNFISCH UND MEERESALGEN

Für: 2 Personen • Kosten: günstig • Schwierigkeitsgrad: einfach • Vorbereitungszeit: 20 Min. • Garzeit: 20 Min.

Die Zutaten

Zwiebel 1
Thunfisch natur .... 150 g
Kapern .... 1 TL
Meeresalgenmischung (getrocknet) .... 1 TL
Pasta, z.B. Farfalle .... 200 g
passierte Tomaten .... 300 ml
Fischbrühpulver .... 1 TL
Sahne .... 100 g
Parmesan .... 4 EL
Salz, Pfeffer

Das Rezept

1. Die Zwiebel abziehen und hacken.

2. Zwiebel, abgetropften Thunfisch, Kapern, Algenmischung, Pasta, passierte Tomaten und Fischbrühe mit 500 ml Wasser in einen großen Topf geben.

3. Die Mischung zum Kochen bringen, dann die Hitze reduzieren und 15 Minuten garen (wenn die Pasta noch nicht al dente ist, etwas Wasser zufügen und einige Minuten weitergaren).

4. Sahne und Parmesan unterrühren. Mit Salz und Pfeffer abschmecken. Sofort servieren.

KINDERSPEZIAL

Für: 4 Personen • Kosten: günstig • Schwierigkeitsgrad: einfach • Vorbereitungszeit: 10 Min. • Garzeit: 15 Min.

Die Zutaten

Zwiebel	1
Siedewürstchen	4
Pasta, z.B. Hörnchennudeln	200 g
Gemüsebrühwürfel	1
Schlagsahne	200 g
Ketchup	2 EL
Cheddar	100 g
Schnittlauch	1 Bund
Salz, Pfeffer	

Das Rezept

1. Die Zwiebel abziehen und hacken. Die Würstchen in Stücke schneiden.

2. Zwiebel, Würstchen, Pasta und zerkrümelten Brühwürfel mit 500 ml Wasser in einen großen Topf geben.

3. Die Mischung zum Kochen bringen, dann die Hitze reduzieren und etwa 13 Minuten garen.

4. Sahne, Ketchup und Käse untermischen.

5. Mit Salz und Pfeffer abschmecken. Mit Schnittlauchröllchen garnieren und sofort servieren.

REISNUDELN MIT GARNELEN

Für: 4 Personen • Kosten: mittel • Schwierigkeitsgrad: einfach • Vorbereitungszeit: 20 Min. • Garzeit: 15 Min.

Die Zutaten

Knoblauchzehe 1
rote Paprika 1
TK-Brokkoliröschen 12
gegarte ausgelöste Garnelen .... 150 g
Reisvermicelli .... 250 g
Kokoscreme .... 6 EL
Zitronensaft .... 1 EL
Fischsauce .... 4 EL
Petersilienstängel 6
kleines Glas Mini-Maiskolben 1
Pflanzenöl
Salz, Pfeffer

Das Rezept

1. Den Knoblauch abziehen und sehr fein hacken. Etwas Öl in einer großen, hohen Pfanne erhitzen. Knoblauch und gewürfelte Paprika darin anschwitzen.

2. Inzwischen den Brokkoli 5 Minuten in einem Topf mit kochendem Wasser vorkochen, abtropfen lassen und zusammen mit den Garnelen in die Pfanne geben.

3. Aufgelockerte Reisvermicelli, Kokoscreme und Zitronensaft mit 400 ml heißem Wasser (nutzen Sie das heiße Brokkolikochwasser) zufügen und 10 Minuten unter regelmäßigem Rühren garen.

4. Fischsauce und gegebenenfalls noch etwas Wasser unterrühren. Gehackte Petersilie und Maiskölbchen zufügen. Mit Salz und Pfeffer abschmecken und sofort servieren.

PASTA NACH WESTERN-ART

Für: 5 Personen • Kosten: günstig • Schwierigkeitsgrad: einfach • Vorbereitungszeit: 15 Min. • Garzeit: 15 Min.

Die Zutaten

Zwiebel 1
kleine Essiggurken 6
Rinderhack .... 200 g
Pasta, z.B. Risoni .... 350 g
passierte Tomaten .... 4 EL
Barbecuesauce .... 4 EL
geriebener Emmentaler .... 150 g
Olivenöl
Salz, Pfeffer

Das Rezept

1. Die Zwiebel abziehen und fein hacken.
2. Die Zwiebel mit einem Schuss Olivenöl in einen großen Topf geben. Längs in Streifen geschnittene Essiggurken, Hackfleisch, Pasta und passierte Tomaten mit 700 ml heißem Wasser zufügen.
3. Die Mischung zum Kochen bringen, dann die Hitze reduzieren und 15 Minuten köcheln lassen.
4. Barbecuesauce und Käse unterrühren. Mit Salz und Pfeffer abschmecken und sofort servieren.

NUDELN NACH CHINESISCHER ART

Für: 4 Personen • Kosten: günstig • Schwierigkeitsgrad: einfach • Vorbereitungszeit: 15 Min. • Garzeit: 25 Min.

Die Zutaten

Zwiebel ... 1
Knoblauchzehe ... 1
Paprikapulver ... 1 TL
Currypulver ... 1 EL
rote Paprika ... ½
Zucchini ... 1
Karotten ... 3
asiatische Eiernudeln ... 250 g
Kokosmilch ... 200 ml
Olivenöl
Salz, Pfeffer

Varianten

Sie können zusammen mit Zwiebel und Knoblauch in Streifen geschnittenen Räuchertofu anbraten. Garnieren Sie das fertige Gericht mit etwas gehackter Petersilie, Thai-Basilikum oder anderen Kräutern nach Wahl.

Das Rezept

1. Zwiebel und Knoblauch abziehen und fein hacken. Etwas Olivenöl in einem großen Topf erhitzen und Zwiebel und Knoblauch darin anschwitzen. Die Gewürze unterrühren und bei mittlerer Hitze 5 Minuten dünsten.

2. Inzwischen das Gemüse waschen, putzen und in dünne Stifte schneiden. In den Topf geben und bei starker Hitze 8 Minuten unter regelmäßigem Rühren andünsten (gegebenenfalls etwas Wasser zufügen).

3. Die Eiernudeln mit 200 ml kochendem Wasser zufügen und 5 Minuten garen.

4. Die Kokosmilch unterrühren und bei niedriger Hitze 8 Minuten köcheln lassen. Gegebenenfalls noch etwas Wasser zugießen. Mit Salz und Pfeffer abschmecken und sofort servieren.

PASTA MIT HÜHNCHEN, KURKUMA UND MOHN

Für: 2 Personen • Kosten: günstig • Schwierigkeitsgrad: einfach • Vorbereitungszeit: 10 Min. • Garzeit: 15 Min.

Die Zutaten

Zwiebel 1
Hähnchenschnitzel .... 150 g
Pasta, z.B. Fusilli .... 200 g
Kurkuma .... 1 TL
Rosmarin .... 1 TL
Doppelrahmfrischkäse .... ½ Packung
Mohnsaat .... 1 EL
Salz, Pfeffer

Das Rezept

1. Die Zwiebel abziehen und hacken. Das Hähnchenfleisch würfeln.

2. Zwiebel und Hähnchenfleisch mit Pasta, Kurkuma, Rosmarin und 400 ml Wasser in einen großen Topf geben und zum Kochen bringen. Die Hitze reduzieren und 15 Minuten köcheln lassen.

3. Frischkäse und Mohn unterrühren.

4. Mit Salz und Pfeffer abschmecken und sofort servieren.

FRANCE

PASTA NACH PUTTANESCA-ART

Für: 4 Personen • Kosten: günstig • Schwierigkeitsgrad: einfach • Vorbereitungszeit: 20 Min. • Garzeit: 12 Min.

Die Zutaten

Zwiebel	1
Knoblauchzehen	3
Pasta, z.B. Capellini	400 g
geschälte Tomaten	400 g
Kapern	1 EL
entsteinte schwarze Oliven	2 EL
Sardellenfilets	6

Salz, Pfeffer
Parmesan, zum Bestreuen (nach Belieben)

Das Rezept

1. Zwiebel und Knoblauchzehen abziehen und fein hacken bzw. zerdrücken.

2. Zwiebel und Knoblauch mit Pasta, Tomaten, Kapern, Oliven und halbierten Sardellenfilets in einen großen Topf geben.

3. Mit 600 ml Wasser auffüllen und zum Kochen bringen. Die Hitze reduzieren und 12 Minuten köcheln lassen.

4. Mit Salz und Pfeffer abschmecken. Nach Belieben frisch geriebenen Parmesan dazureichen.

FEURIGER BOHNENTOPF

Für: 4 Personen • Kosten: günstig • Schwierigkeitsgrad: einfach • Vorbereitungszeit: 20 Min. • Garzeit: 20 Min.

Die Zutaten

Zwiebel	1
Rinderhack	100 g
passierte Tomaten	400 ml
Pasta, z.B. Gnocchetti	200 g
Rinderbrühwürfel	½
Kidneybohnen, abgetropft	100 g
Chiligewürz	½ TL
Tomatenmark	1 EL
Gemüsemais, abgetropft	50 g
Salz, Pfeffer	

Das Rezept

1. Die Zwiebel abziehen und hacken. In einem großen Topf anschwitzen. Das Hackfleisch zufügen. Passierte Tomaten, Pasta und zerkrümelten Brühwürfel mit 600 ml heißem Wasser zugeben.

2. Etwa 15 Minuten köcheln lassen. Wenn die Pasta noch nicht al dente sind, eventuell etwas Wasser zugießen und einige Minuten weitergaren.

3. Bohnen, Gewürz, Tomatenmark und Mais untermischen und 5 Minuten erhitzen.

4. Mit Salz und Pfeffer abschmecken und sofort servieren.

PASTA MIT KÜRBIS, MARONEN UND KÄSE

Für: 4 Personen • Kosten: mittel • Schwierigkeitsgrad: einfach • Vorbereitungszeit: 20 Min. • Garzeit: 25 Min.

Die Zutaten

Hokkaidokürbis .... 400 g
Zwiebel 1
Gemüsebrühwürfel 1
Pasta, z.B. Hörnchennudeln .... 200 g
Beaufort oder Bergkäse .... 150 g
gegarte Maronen 12
Olivenöl
Salz, Pfeffer

Varianten

Sie können 150 g Räucherspeckstreifen oder Räuchertofu oder ein paar Löffel Sahne zufügen sowie den Beaufort durch Parmesan ersetzen.

Das Rezept

1. Den Kürbis entkernen und in kleine Stücke schneiden. Die Zwiebel abziehen und fein hacken. Etwas Olivenöl in einem großen Topf erhitzen. Zwiebel und Kürbis darin 15 Minuten dünsten. Den Brühwürfel in 500 ml heißem Wasser auflösen.

2. Pasta und Brühe in den Topf geben und 10 Minuten garen.

3. Geriebenen Käse und grob gehackte Maronen untermischen. Mit Salz und Pfeffer abschmecken und sofort servieren.

NUDELN MIT ZIEGENKÄSE UND TOMATEN

Für: 2 Personen • Kosten: mittel • Schwierigkeitsgrad: einfach • Vorbereitungszeit: 20 Min. • Garzeit: 15 Min.

Die Zutaten

Schalotte 1
getrocknete Tomaten in Öl 8
entsteinte grüne Oliven 6
Pasta, z.B. Makkaroni .... 200 g
Ziegenkäse (Rolle) .... 80 g
Schnittlauch .... ½ Bund
Salz, Pfeffer

Das Rezept

1. Die Schalotte abziehen und hacken. Die Tomaten in feine Streifen schneiden.

2. Schalotten und Tomaten mit halbierten Oliven und Pasta in einen großen Topf geben.

3. Mit 500 ml heißem Wasser auffüllen und 15 Minuten garen. Gegen Ende der Garzeit den gewürfelten Ziegenkäse untermischen.

4. Mit Salz und Pfeffer abschmecken. Mit Schnittlauchröllchen garnieren und sofort servieren.

PASTA RATATOUILLE

Für: 4 Personen • Kosten: günstig • Schwierigkeitsgrad: einfach • Vorbereitungszeit: 20 Min. • Garzeit: 25 Min.

Die Zutaten

Zwiebel 1
Knoblauchzehe 1
Zucchini .... 200 g
Aubergine .... 120 g
Pasta, z.B. Hörnchennudeln .... 200 g
passierte Tomaten .... 500 ml
Gemüsebrühwürfel 1
Kräuter der Provence
Salz, Pfeffer

Das Rezept

1. Zwiebel und Knoblauch abziehen und fein hacken. In einem Topf einige Minuten anschwitzen.

2. In Stücke geschnittene Zucchini und Aubergine in den Topf geben und 10 Minuten bei mittlerer Hitze andünsten.

3. Pasta, passierte Tomaten und zerkrümelten Brühwürfel zufügen und bei mittlerer Hitze 13 Minuten garen.

4. Mit Kräutern der Provence, Salz und Pfeffer abschmecken und sofort servieren.

NUDELN NACH FÖRSTERART

Für: 4 Personen • Kosten: mittel • Schwierigkeitsgrad: einfach • Vorbereitungszeit: 20 Min. • Garzeit: 25 Min.

Die Zutaten

Zwiebel	1
Knoblauchzehen	2
Champignons	150 g
gemischte Pilze (Pfifferlinge, Steinpilze usw.)	100 g
Pasta, z.B. Makkaroni	250 g
Sahne	150 g
glatte Petersilie	½ Bund
Salz, Pfeffer	

Das Rezept

1. Zwiebel und Knoblauch abziehen. Die Zwiebel hacken, die Knoblauchzehen zerdrücken. In einem großen Topf anschwitzen.

2. Die Pilze zufügen und 10 Minuten dünsten.

3. Die Pasta mit 500 ml heißem Wasser zugeben und 15 Minuten unter regelmäßigem Rühren garen.

4. Sahne und gehackte Petersilie unterrühren. Mit Salz und Pfeffer abschmecken und sofort servieren.

STAUB
STAUB

VEGANER NUDELTOPF

Für: 4 Personen • Kosten: günstig • Schwierigkeitsgrad: einfach • Vorbereitungszeit: 15 Min. • Garzeit: 20 Min.

Die Zutaten

Zwiebel 1
Knoblauchzehe 1
kleine Dose Artischockenherzen 1
entsteinte schwarze Oliven 12
Kichererbsen, abgetropft .... 100 g
Pasta, z.B. Mini-Makkaroni .... 200 g
passierte Tomaten .... 300 ml
Gemüsebrühwürfel 1
Salz, Pfeffer

Tipp

Sie können zur Pasta veganen Parmesan servieren. Dafür 100 g gemahlene Mandeln, Erdnüsse, Haselnüsse oder andere Nüsse mit ½ Teelöffel Salz und 50 g Bier- oder Nährhefe mixen. In ein Schraubglas füllen.

Das Rezept

1. Zwiebel und Knoblauchzehe abziehen und fein hacken. In einem großen Topf anschwitzen.

2. Abgetropfte und gehackte Artischocken, halbierte Oliven, Kichererbsen, Pasta, passierte Tomaten und zerkrümelten Brühwürfel mit 500 ml heißem Wasser zugeben und 15 Minuten garen.

3. Mit Salz und Pfeffer abschmecken und sofort servieren.

STAUB
STAUB

TOMATEN-BASILIKUM-NUDELN

Für: 2 Personen • Kosten: günstig • Schwierigkeitsgrad: einfach • Vorbereitungszeit: 20 Min. • Garzeit: 10 Min.

Die Zutaten

Knoblauchzehen 2
Cocktailtomaten 20
Pasta, z.B. Spaghetti .... 200 g
Gemüsebrühwürfel 1
Basilikumblätter 6
getrockneter Oregano .... ½ TL
Feta .... 80 g
Salz, Pfeffer

Das Rezept

1. Den Knoblauch abziehen und zerdrücken. Mit halbierten Cocktailtomaten und Spaghetti in einen großen Topf geben.

2. Den zerkrümelten Brühwürfel mit 400 ml heißem Wasser zufügen und zum Kochen bringen. Die Hitze reduzieren und 10 Minuten köcheln lassen.

3. Gehacktes Basilikum, Oregano und Feta untermischen. Mit Salz und Pfeffer abschmecken und sofort servieren.

PASTA PRIMAVERA

Für: 6 Personen • Kosten: mittel • Schwierigkeitsgrad: einfach • Vorbereitungszeit: 20 Min. • Garzeit: 30 Min.

Die Zutaten

rote Zwiebeln 2
TK-Erbsen .... 200 g
Farfalle oder Hörnchennudeln .... 400 g
Gemüsebrühwürfel 1
grüne Spargelstangen 16
Schafskäse .... 200 g
Salz, Pfeffer

Tipp

Sie können auch TK-Spargel verwenden.
Geben Sie ihn mit den Erbsen in die Pfanne.

Variante

Sie können etwas Sojasahne unterrühren und den Schafskäse durch Parmesan ersetzen.

Das Rezept

1. Die Zwiebeln abziehen und hacken. In einer großen, hohen Pfanne anschwitzen.

2. Erbsen und Pasta zufügen und sorgfältig mischen. Den zerkrümelten Brühwürfel mit 1 l heißem Wasser zufügen und 20 Minuten köcheln lassen.

3. Inzwischen den Spargel ggf. schälen und in einem Topf mit kochendem Wasser 10 Minuten garen. Abtropfen lassen und zur Pasta geben.

4. Den Käse zerkrümeln und unter die Pasta mischen. Mit Salz und Pfeffer abschmecken und sofort servieren.

ORECCHIETTE MIT WALNÜSSEN UND GORGONZOLA

Für: 4 Personen • Kosten: mittel • Schwierigkeitsgrad: einfach • Vorbereitungszeit: 10 Min. • Garzeit: 20 Min.

Die Zutaten

Schalotten...2
Orecchiette oder Mini-Farfalle.......................200 g
Gorgonzola..80 g
Mascarpone...................................4 gehäufte EL
Walnusskerne 12
Salz, Pfeffer

Das Rezept

1. Die Schalotten abziehen und hacken. In einem großen Topf anschwitzen.

2. Pasta und 400 ml Wasser (nach Belieben auch einen zerkrümelten Hühnerbrühwürfel) zufügen und 15 Minuten köcheln lassen.

3. Gegen Ende der Garzeit Gorgonzola und Mascarpone unterrühren.

4. Die grob gehackten Walnüsse untermischen. Mit Salz und Pfeffer abschmecken und sofort servieren.

STAUB
STAUB

MENGEN UND ENTSPRECHUNGEN

Zutaten abwiegen ohne Waage

Zutaten	1 Teelöffel	1 Esslöffel	1 Glas à 200 ml
Butter	7 g	20 g	–
Kakaopulver	5 g	10 g	90 g
Crème fraîche	1,5 cl	4 cl	20 cl
Sahne	0,7 cl	2 cl	20 cl
Mehl	3 g	10 g	100 g
geriebener Hartkäse	4 g	12 g	65 g
diverse Flüssigkeiten (Wasser, Öl, Essig, Alkoholika)	0,7 cl	2 cl	20 cl
Speisestärke	3 g	10 g	100 g
gemahlene Mandeln	6 g	15 g	75 g
Rosinen	8 g	30 g	110 g
Reis	7 g	20 g	150 g
Salz	5 g	15 g	–
Grieß, Couscous	5 g	15 g	150 g
Zucker	5 g	15 g	150 g
Puderzucker	3 g	10 g	110 g

Flüssigkeiten abmessen

1 Likörglas = 30 ml
1 kleine Tasse = 80 bis 100 ml
1 Glas = 200 ml
1 Becher = 300 ml
1 Schale = 350 ml

Gut zu wissen

1 Ei – 50 g
1 Flocke Butter = 5 g
1 walnussgroßes Stück Butter = 15-20 g

Die richtige Ofentemperatur

Temperatur (°C)	Thermostat
30	1
60	2
90	3
120	4
150	5
180	6
210	7
240	8
270	9

Die neue Kuchenwelt

80 Seiten, zahlreiche Farbfotos

ISBN 978-3-572-08217-9

Fruchtiges Aroma und Saftigkeit sind hier garantiert, denn diese Kuchen bestehen aus ganz viel Füllung und ganz wenig Teig. Das schmeckt sensationell und hat dazu viel weniger Kalorien als herkömmliche Backwaren. Ein neues Highlight am Naschhimmel!

Besuchen Sie uns auch auf

Bassermann Inspiration

www.bassermann-verlag.de

Ich möchte mich bei meiner ganzen Familie, insbesondere bei meinem Mann, bedanken und widme dieses Buch meinen beiden Söhnen Jérôme und Pierre.

Émilie Perrin

ISBN 978-3-8094-4469-5
2. Auflage 2022

Dieses Buch ist unter dem Titel „Pasta & Sauce aus 1 Topf" 2016 bei Bassermann Inspiration erschienen.

Umschlaggestaltung: Atelier Versen, Bad Aibling
Fotos: Philippe Vaurès-Santamaria
Foodstyling: Caroline Wietzel
Herstellung: Elke Cramer
Projektleitung: Anja Halveland

Realisation der deutschen Ausgabe: trans texas publishing services GmbH, Köln
Übersetzung: Lisa Heilig, Köln

Druck und Verarbeitung: DZS Grafik d.o.o., Ljubljana

Printed in Slovenia

FSC
www.fsc.org
MIX
Papier aus verantwortungsvollen Quellen
FSC® C106600

Penguin Random House Verlagsgruppe FSC® N001967

STAUB
STAUB